네 발의
총소리

| 김구 편 |

1판 1쇄 발행 2020년 4월 21일

글 김기정 | 그림 장경혜 | 펴낸곳 한권의책 | 펴낸이 김남중
교정 한지연 | 디자인 나비 | 스캔 공간
주소 (우)03968 경기도 파주시 노을빛로 109-26(202호)
출판등록 제406-251002011000317호
전자우편 knamjung@hanmail.net
전화 031-945-0762 | 팩스 031-946-0762

김기정·장경혜 ⓒ2020

ISBN 979-11-85237-45-9 74810
ISBN 979-11-85237-41-1 (세트)

이 책의 글과 그림은 저작권법에 의하여 보호받는 저작물입니다.
잘못 만들어진 책은 구입하신 곳에서 바꾸어 드립니다.

이 도서의 국립중앙도서관 출판예정도서목록(CIP)은 서지정보유통지원시스템 홈페이지
(http://www.seoji.nl.go.kr)와 국가자료공동목록시스템(http://www.nl.go.kr/kolisnet)에서
이용하실 수 있습니다.(CIP제어번호: CIP2020013182)

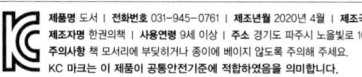

네 발의
총소리

| 김구 편 |

장경혜 그림
김기정 글

한권의책

| 차례 |

돌멩이 8
비밀스런 속삭임 11
엿가락과 쪽지 22
백범 할아버지 35
못다 한 약속 46
총소리 53
까만 돌 63
| 역사의 한 순간 | 66

이젠 믿을 수밖에 없어요.
이돌에게 신기한 일이 벌어지고 있다는 걸요.
마음속은 여전히 두려움 반, 호기심 반!
초록 문 너머에선 또 어떤 일이 기다리고 있을까요?

돌멩이

토요일 오전이었어요.

"이돌! 어서 일어나 봐!"

엄마는 이불 속에서 뭉그적거리는 아들의 엉덩이를 손바닥으로 찰싸닥 때렸어요. 그 바람에 이돌은 부스스 일어나 앉았습니다.

"늦잠 자도 되잖아요."

"이게 뭐야!"

엄마 손바닥엔 붉은빛이 도는 돌멩이가 있었죠.

"뭐긴 돌멩이잖아요."

"빨랫감 내놓을 땐, 바지 주머니 속까지 다 뒤지라고 했지? 세탁기에 이런 게 들어가면 망가지는 거 몰라!"

'바지 주머니라고?'

이돌은 잠시 멍했어요. 그러다 오뚝이처럼 벌떡 일어나서 책상 서랍을 열었죠. 뭔가 떠오른 거예요.

"있다! 엄마, 여기에도 있어요. 이것 봐요!"

초록빛 돌이었어요. 그건 며칠 전 이돌이 바지 주머니에서 꺼냈던 돌이에요. 돌멩이는 첫 번째 과거 여행을 다녀오던 날 바지 주머니에 들어 있었죠. 그땐 별생각 없이 서랍 안에 넣어 두었는데…….

엄마는 분이 풀리지 않는지 돌멩이를 이돌 코앞에 보이며 따졌어요.

"왜 돌멩이를 주머니에 넣고 다니냐고!"

이돌은 엄마의 잔소리쯤은 아랑곳 않았어요. 부리

나케 옷을 입고는 엄마 손에 있던 붉은 돌멩이를 낚아챘어요. 그러곤 후다닥 집을 나섰습니다.

돌멩이는 공깃돌 크기였어요. 첫 번째 여행 땐 초록 돌, 두 번째 여행에서는 붉은 돌이었습니다. 달리는 동안, 이돌은 어렴풋한 기억을 더듬었어요.

'그래, 과거에서 현재로 돌아오던 그 순간이었어. 허우적대면서 저 돌멩이를 손에 쥐었어.'

최 교리의 갓끈에는 초록 돌이, 막사 앞 검은 추적자의 칼자루에는 붉은 돌이 달려 있었어요. 이돌은 그 돌멩이를 가져왔던 거예요.

어느덧 이돌은 초록 대문 앞에 멈추어 섰어요.

'돌멩이랑 과거 여행은 무슨 상관일까?'

이번에는 망설이지 않았습니다.

초록 대문을 힘껏 열어젖혔어요.

'다시 이 문으로 나올 때 또 돌멩이가 있을까?'

비밀스런 속삭임

깜깜한 어둠을 지나고 나면 정신을 차리는 데 어느 정도 시간이 걸렸어요.

시원한 바람이 불었어요. 왱왱 선풍기 돌아가는 소리가 나고 노랫소리가 들렸어요.

아, 신라의 밤이여
불국사의 종소리 들리어온다

'여긴 어딜까?'

이돌은 저번처럼 놀라지 않으려고 애썼어요.

눈앞은 아직 어슴푸레하게 보였어요. 널따란 방이에요.

찻집? 칸막이가 쳐졌고 은은한 향기가 났습니다.

어디선가 속삭이는 소리가 들렸어요.

"일본이 그리 망할 줄 누가 알았나? 하늘이 무너졌는데, 이런 기회가 올 줄이야."

"기회라니요?"

"흐흐. 명심해. 이제는 공산당과 싸우는 시대라고. 독립이니 통일이니 지껄여도 다 소용없어. 개뿔."

"선생은 너무 큰 어른이잖습니까."

"정신 차리라. 일본군이 가고 미군 세상이야. 방해되는 자들은 그게 누구든 다 우리 적이다. 우리 살길을 찾아야지 않간?"

"알겠습니다."

"네 손에 달렸어. 우리 어르신도 대강 알고 계시니 뒷일은 걱정 말라."

무슨 말인지 이돌은 알아들을 수 없었죠.

노랫소리가 더 크게 들렸어요.

지나가는 나그네야

걸음을 멈추어라

한복을 입고 짙게 화장을 한 여자가 앞에 나타났어요.

"어머, 얘! 왜 거기 오도카니 서 있니?"

그 말이 끝나기가 무섭게 칸막이 너머에서 한 남자가 벌떡 일어났습니다. 짧은 머리에 눈이 찢어진 남자는 이돌한테 다가와선 윽박질렀어요.

"이놈, 언제부터 여기 있었냐?"

이돌은 무서워서 아무 말도 못 했죠. 한복 입은 여

자가 사이에 끼어들어 말리지 않았다면, 이돌은 그 자리에서 자지러졌을 거예요.

"대위님, 얘한테 그러지 마셔요. 만덕이라고, 요 앞에서 구두 닦는 애예요. 봐요. 손님 구두 가져왔네. 호호."

남자는 군인 장교 옷을 입었어요. 그러고 보니, 이돌 손에는 반짝이는 구두 한 켤레가 들려 있었죠.

'내 이름이 촌스럽게 만덕이라고?'

대위는 이돌을 위아래로 훑었어요.

"우리가 하는 말 엿들었느냐?"

이돌은 고개만 저었어요. 군복 차림에 떡 벌어진 어깨. 눈빛이 하도 매서워 이돌은 눈도 마주치지 못했죠.

한복 입은 여자가 나긋하게 말했어요.

"얘는 방금 왔어요. 뭘 엿들었다고 그래요."

대위는 안심이 된 듯 주머니에서 동전 하나를 꺼

내 건넨 다음, 구두를 휙 낚아채서는 자리로 돌아갔습니다.

이돌은 어떻게 해서 찻집을 나왔는지 아찔했어요.

"만덕아, 저 양반들 무서운 사람들이야. 얼른 가거라."

이돌은 그렇게 떠밀리듯 문을 나섰죠.

좁고 어두운 계단을 내려와 1층에 섰습니다. 후텁지근한 바람이 훅하고 불어왔어요. 숨이 턱 막혔고 매미 소리가 요란했습니다. 부르릉 시커먼 자동차가 매캐한 냄새를 풍기며 지나갔어요.

그런데요, 여섯 살이나 되었을까? 웬 꼬마가 버티고 서서 기다리고 있잖아요?

'여기서는 내가 남동생을 둔 형일까?'

동생을 낳아 달라고 몇 번인가 엄마를 조른 적이 있어요. 어디까지나 말 잘 듣고 귀엽고 예쁜 동생이었죠. 이렇게 못생기고 꾀죄죄한 동생은 절대 아니었습니다.

"내가 니 형이냐?"

꼬마가 콧물을 훔치며 올려다봤어요.

"어라? 새침데기야! 만덕이가 우리 형이지 남인가? 난 동생 만봉이여. 빨리 가야 돼!"

만봉이가 길 건너편을 가리켰습니다.

큰 삿갓을 뒤집어쓴 이가 엿판을 배 위에 걸쳐놓고 뭔가를 팔고 있었어요.

만봉이가 어찌나 억세게 잡아끄는지 이돌은 장사꾼 앞으로 끌려가다시피 했어요. 무엇을 파는지는 금세 알았죠. 엿장수였으니까요.

삿갓 속에서 흥얼흥얼 노랫가락이 흘러나오고 있었어요.

울릉도라 호박엿, 둥기둥기 찹쌀엿
떡 벌어졌구나 나발엿, 허리가 잘쑥 장구엿

이것저것 떨어진 것, 찢어진 고무신도 좋고
에헤라디여~ 좋구나 좋다……

엿장수는 한 손에 큰 가위를 들고 쩔걱거렸어요. 쩔걱쩔걱 장단을 맞추고 다른 한 손은 얼쑤 어깨춤을 추었어요.
엿장수가 만봉이를 보며 말했어요.
"맨입에 침 흘리던 놈이네. 돈은 가져왔냐?"
그 말에 만봉이가 이돌을 물끄러미 쳐다봤어요. 어서 돈을 내놓으라는 듯이요.
"형, 구두 닦은 돈으로 사 준댔잖아!"
이돌은 손에 꼭 쥐고 있던 동전을 엉겁결에 내밀었어요.
'아하! 동생 녀석이 기다리고 있던 게 이거였군.'
삿갓 밑으로 엿장수가 빙긋 웃는 게 보였어요.
"기특한 형일세. 구두 닦아서 동생 엿도 사 주고."

이돌은 한껏 우쭐해졌어요. 비록 만덕이가 번 돈이지만, 이건 이돌이 나중에 동생이 생기면 꼭 해 보고 싶었던 일이기도 했으니까요.

길바닥이 소란스러워진 건 그때였습니다.

엿가락과 쪽지

"백범은 북으로 가라!"

"이승만 대통령 만세!"

백 명도 넘는 사람이 길 한복판에서 고함을 질러 댔습니다.

백범? 이승만?

이돌에게는 분명 귀에 익은 이름이었어요.

수업 시간이었나? 텔레비전이었나?

이승만은 초대 대통령이죠. 백범은 누구였더라?

알쏭달쏭했어요.

휘익! 삑삑!

갑자기 호루라기 소리가 들렸어요. 앞쪽에서 검은 옷을 입은 경찰 수십 명이 달려왔습니다. 그러더니 길에 있던 사람들을 밀쳐 내는 것이었습니다.

이돌은 누군가 다리를 꽉 잡는 걸 느꼈어요. 만봉이가 겁에 질린 얼굴로 바짓가랑이에 얼굴을 묻었어요.

"걱정 마! 우리하곤 상관없어."

그러나 좀 전까지 신나게 춤추고 흥얼대던 엿장수는 별안간 뻣뻣하게 굳어 버린 듯했어요. 엿판을 쥔 손이 떨렸어요.

그때였어요.

사람들을 멀리 밀쳐 낸 경찰들이 엿장수 앞으로 다가왔어요.

경찰이 긴 몽둥이를 흔들며 말했어요.

"이봐! 거기, 어서 가!"

"여기 있으면 안 돼!"

엿장수는 허리를 숙이며 굽신댔습니다.

"아휴, 여기서 장사 좀 하게요. 어디루 가라굽쇼."

"여기가 어디라고!"

경찰은 다짜고짜 몽둥이로 엿장수 등허리를 후려쳤습니다.

"어이쿠!"

그 바람에 엿장수 삿갓이 벗겨지고 엿판이 기우뚱하며 엿이 우수수 바닥에 떨어졌습니다.

경찰은 땅바닥에 뒹구는 엿가락을 구둣발로 짓이기며 소리쳤어요.

"썩 꺼지란 말이다."

엿장수가 허둥대며 쫓겨 가자, 이돌도 덩달아 동생의 손을 잡고 허겁지겁 언덕 아래로 뛰어야 했어요. 방금 전 경찰이 몽둥이를 들어 올리며 이돌한테 눈을 부라렸거든요.

"형, 왜 도망치는 거야?"

"맞으면 어떡해. 무섭잖아."

길 아래쪽으로 도망쳐 온 뒤에도 만봉이는 이돌 다리에 매달려 벌벌 떨었습니다.

'무슨 일일까?'

'여기서는 어떤 일이 벌어지려는 거지?'

이돌은 머리가 어지러웠어요. 지난번 과거 여행 때 이순신 장군을 만난 것과 지금은 사뭇 달랐어요. 매미 소리가 들리고 더운 날씨인데도 왠지 몸이 오스스하고 떨렸습니다. 뭔가 아주 무서운 일이 막 벌어지려는 것만 같아 가슴이 쿵쿵했어요.

저만치 앞에 아까 그 엿장수가 땅바닥에 주저앉아 있는 게 보였습니다. 삿갓은 쪼개지고 머리에선 피가 났죠.

만봉이가 쪼르르 달려갔어요.

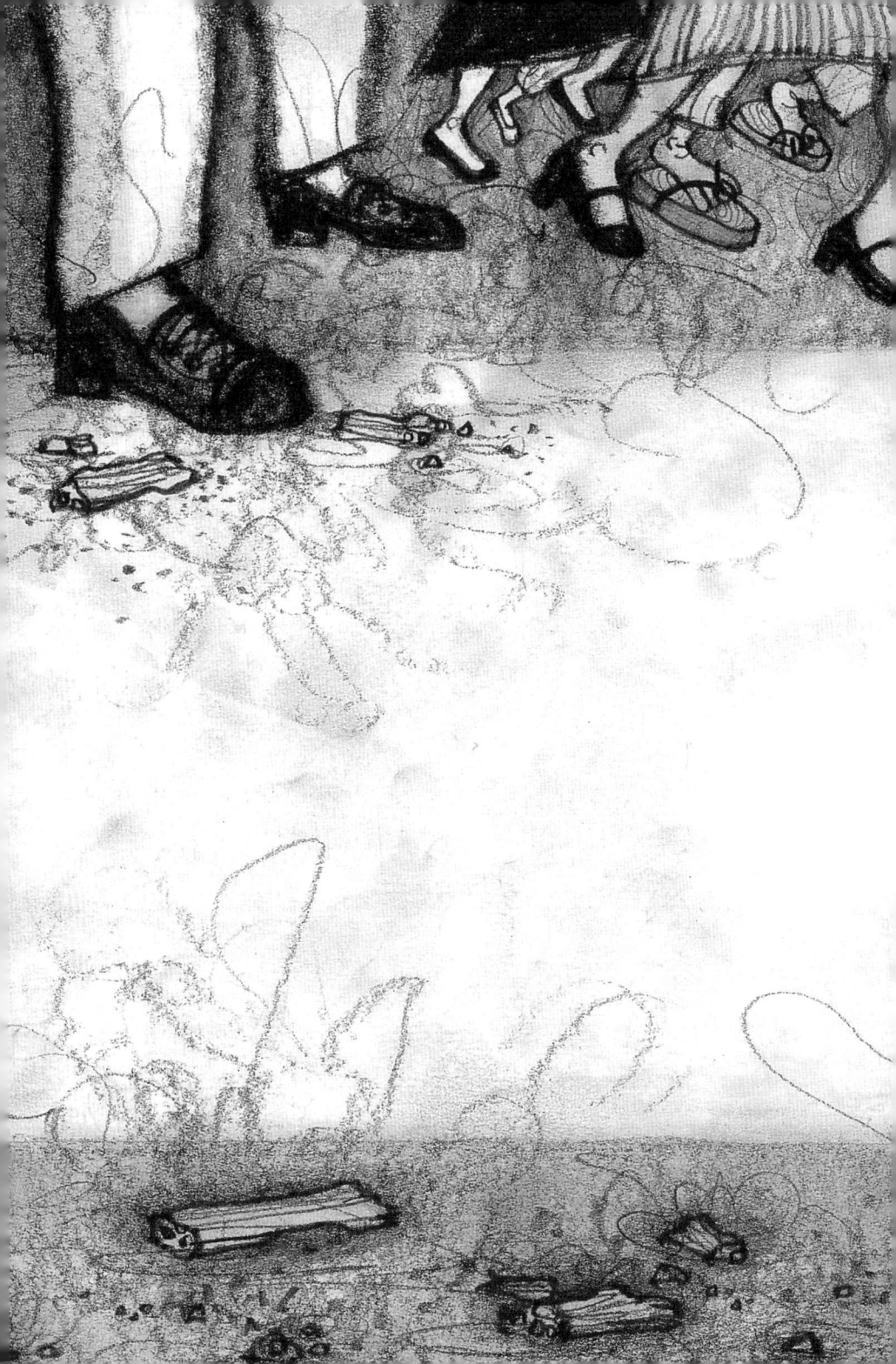

"아저씨! 그거 나 주면 안 돼요?"

만봉이는 사정도 모르고 엿판에 남은 엿가락에 욕심을 부렸어요.

"내가 땅에 떨어진 거 다 봤는데, 못 팔잖아요."

엿장수가 말했어요.

"맹랑한 놈일세. 흙 묻은 건 버리고 요건 말짱한 엿이다."

아까와는 달리 말투가 제법 묵직했어요. 엿장수는 엿가락 하나를 만봉이에게 쥐여 주었어요.

"이건 그냥 주는 거다. 오늘 장사는 끝이다."

이돌은 삿갓을 벗은 엿장수의 얼굴을 보곤 눈이 휘둥그레졌답니다. 지레짐작하던 엿장수 모습이 아니었으니까요. 아까 그 엿장수는 노랫가락을 구성지게 뽑고 험한 말씨에 장사꾼 냄새가 풀풀 났는데, 그 모습은 온데간데없었어요.

동그란 안경을 썼고 단정하게 자른 머리카락은 기

름칠을 해서 번들거렸어요. 날렵한 턱선과 새하얀 얼굴은 아까와는 사뭇 다른 모습이었어요.

엿장수가 이돌을 보며 말했어요.

"너희는 이 동네 사니?"

엿을 빨던 만봉이가 잽싸게 대답했어요.

"저기 아랫동네요."

만봉이는 엿가락을 든 손으로 아래쪽을 가리켰습니다.

엿장수가 곰곰 뭔가를 생각하는 듯하더니 조심스레 물었어요.

"그럼, 저기 위에 있는 집에 누가 사는 줄 아니?"

"어느 집요?"

만봉이가 되묻자, 엿장수가 언덕 위쪽을 가리켰습니다.

"저 위쪽 큰집 말이다. 경교장!"

만봉이는 잘 안다는 듯이 팔짝 뛰었어요.

"경교장요? 엄마가 아주 어마어마한 할아버지가 산댔는데?"

"어마어마하다고? 하하. 그럴 수도 있겠군. 평생 우리나라 독립을 위해 싸워 오신 분이란다."

엿장수는 손수건으로 피가 흐르는 머리를 감싸며 말했어요.

"난 니들 말대로, 어마어마한 그분을 뵈려고 아침부터 여기서 기다렸단다. 뭘 전해 줘야 하거든. 정말 중요한 일인데 어렵게 되고 말았어."

이돌은 엿장수가 점점 수상해 보였어요. 삿갓을 눌러쓰고 본모습을 감춘 것이며, 몰래 뭘 전해 줘야 한다니요.

이돌이 자꾸 물은 건 그래서죠.

"직접 찾아가면 되잖아요. 왜 못 들어가는데요?"

"아까 봤지? 경찰들이 쫙 깔렸어. 내가 갔다가는 금방 잡히고 말걸. 지금도 누가 숨어서 우릴 감시하는지도 모르지."

만봉이가 엿을 빨며 물었어요.

"그럼 그 할아버지가 나쁜 사람이에요?"

"아니, 그 반대야. 백범 선생님이시다."

엿장수는 잠시 생각하더니 말을 이었어요.

"너희에게 부탁 좀 해야겠다. 내가 쪽지에 글을 적어 줄 테니, 백범 선생님께 전해 주겠느냐? 여기 이 엿을 몽땅 다 주마."

아무래도 이상했어요. 이돌이 물었습니다.

"전화로 말하면 될 걸 왜 굳이 쪽지로 하는데요?"

엿장수가 이돌의 눈을 마주 보며 대답했습니다.

"그게 말이다, 오늘 백범 선생님한테 좋지 않은 일이 생길 수 있어서야. 아마 놈들은 전화도 엿들을 수 있을 거다. 저 경찰도 한패거리지. 전화로 알리면 오늘은 피할 수 있겠지만, 이번에 음모를 꾸민 녀석들은 또 일을 내고 말 거다. 그래서 은밀히 쪽지를 보내고 뒤에서 움직이는 놈들까지 다 잡아내려는 거란다."

"그놈들이 누구예요?"

"그건 꽤나 복잡하고도 긴 이야기야. 너희가 경교장에 다녀오면 들려주마."

만약 진짜 만덕이라면 절대 이런 부탁, 아니 이곳에 있지도 않았을 거예요. 구두닦이 만덕이는 부지런하고 눈치가 빠른 아이 같았거든요. 위험해 보이는 일에 끼어들 아이가 아니죠.

하지만 만덕이 아닌 이돌은 달랐어요. 아주 다른 결정을 할 참이죠. 동생 만봉이가 만세를 부르며 너무 좋아했고, 엿장수 아저씨의 눈빛은 아주 간절했고, 어쩌면 이돌 자신이 이곳에 오게 된 게 이 일 때문일지도 모른다는 생각이 들었거든요. 어쩌겠어요.

이돌은 귓속말로 물었어요.

"경찰들이 우리를 잡아가면 어떡하죠?"

"어린애들은 신경도 안 쓰지. 다행히 아까 경교장 문 앞을 지키던 경찰들이 이젠 아래로 내려와 있어. 저기만 통과하면 경교장까지 쉽게 갈 수 있을 거다."

그러고 보니, 경찰들은 언덕 아래쪽에서 사람들을 막고 있었습니다. 그 뒤쪽으로는 텅 비었어요.

이돌이 말했어요.

"그 할아버지는 어떻게 만나는데요?"

"언덕길을 쭉 올라가면 큰 대문이 보이고 대문을 지나면 이층집이 나오지. 거기가 바로 선생님이 계시는 경교장이다. 백범 선생님을 만나면 17호가 보냈다고 말씀드리거라."

이돌이 놀라 되물었죠.

"17호요? 아저씨 스파이예요?"

이름도 아니고, 뚱딴지같이 17호라니요.

엿장수가 빙그레 웃었어요.

"꼬마 놈이 영어를 다 알고. 허허! 비밀 요원쯤 해

두자. 백범 선생님과 나만 아는 비밀 같은 거지."

엿장수는 품에서 수첩을 꺼내어 휘리릭 몇 자를 적었어요.

"부탁한다. 아주 중요한 일이야. 꼭 백범 선생님께 직접 전해야 한다."

백범 할아버지

이돌과는 달리 만봉이는 아무렇지도 않은 것 같았습니다. 콧물을 훌쩍이면서 엿가락만 쪽쪽 빨아 댔어요.

"그만 좀 먹어. 이 녀석아."

"형은 안 먹어? 아저씨가 저 엿 다 준댔지?"

이돌은 조금도 엿 생각이 나질 않았습니다. 괜한 짓을 하는 게 아닐까 후회했어요. 목에는 비밀 요원이 건네준 쪽지 주머니가 걸려 있었죠. 그 때문인지

목이 메어 왔습니다. 그럴수록 '백범'이란 이름이 자꾸 입에서 맴도는 것이었습니다.

길에는 몇몇 사람이 경찰들과 실랑이를 벌이고 있었어요.

이돌은 가슴이 벌렁거렸어요.

'잡히면 어쩌지?'

아니나 다를까, 경찰이 손짓을 했어요.

"이놈들! 어딜 가냐. 이리 와 봐."

경찰은 몽둥이를 허리에 꽂은 채 이돌과 만봉이를 번갈아 보았어요.

"너희는 이 동네 사냐?"

이돌은 간신히 대답했습니다.

"네, 저 아래 살아요."

경찰은 귀찮다는 듯 손사래를 쳤어요.

"다른 데 가서 놀아라. 여긴 오늘 통행금지다."

이돌은 어떤 말을 해야 할지 몰랐어요. 백범 할아

버지에게 쪽지를 전해 주러 가는 길이라고 말했다간 곧장 잡혀갈 테죠? 그렇다고 그냥 돌아간다면……? 어찌나 가슴이 떨리던지 오히려 그게 더 나을 수도 있겠다는 생각이 들었어요.

그 찰나였어요. 동생 만봉이가 불쑥 끼어든 건요.

"외할머니가 아프대요. 엄마가 빨리 가서 어떤지 보고 오라고 했어요."

경찰이 눈썹을 모으며 물었어요.

"외할머니가 어디 사시는데?"

'만봉이는 어떻게 저럴 수 있을까?'

녀석은 기다렸다는 듯이 대답했어요. 조금도 떨지 않고요.

"북촌 회나무 옆 선술집이 외갓집이에요."

이돌은 만봉이가 말한 대로 자신이 진짜 멍청이 같았어요. 이곳이 어딘지, 또 어떻게 해야 하는지 아는 게 하나도 없으니 말이죠. 그런데 코흘리개 만봉이는 깜짝 놀랄 만큼 술술 잘도 말하잖아요. 효과는 대단했어요.

경찰이 무릎을 치며 말했어요.

"그럼 네가 그 할매 손주 만덕이냐?"

"난 만봉이고요, 만덕이는 여기 우리 형이에요."

"허허, 고놈 참 당돌허네. 내가 그 가게 단골이라 봐주는 거야. 외할머니한테 종로경찰서 최 순경이 안부 전하더라고 꼭 말씀드려라. 누가 보기 전에 얼른 지나가. 딴 데로 새지 말고."

이돌은 동생 손을 잡고 종종걸음을 쳤어요. 그러곤 높다란 회양나무 울타리를 돌아 쪼르르 달려 들어갔습니다.

길 끄트머리에 경교장 대문이 보였어요. 입구에는 아무도 없었어요. 너무나 조용했죠.

만봉이가 이돌한테 말했어요.

"심부름만 하면 엿은 다 내 거다."

"그 엿이 왜 다 네 건데?"

"형은 경찰 앞에서 꿀 먹은 벙어리였잖아. 내가 다 했지, 뭐."

"근데 정말 외할머니가 아프셔?"

"벌써 까먹었냐? 엊그제 외할머니가 몸살 다 나았다고 떡 해 들고 우리 집에 다녀가셨잖아. 그것도 몰라?"

"그럼, 외할머니 아프시다는 건 거짓말이야?"

"쳇, 아팠던 건 맞지, 뭐."

이돌은 기가 막혔어요. 이토록 영악한 동생이라니. 그러나 동생이 아니었다면, 여기까지 오지 못하고 쫓겨났을 테지요. 그렇게 둘은 경교장 안으로 들어섰습니다.

아름드리 나무숲이 드리운 그늘을 지나자, 널찍한 잔디밭이 나왔어요. 그 너머에 이층집이 보였습니다. 바로 경교장이었어요.

"누구냐!"

잿빛 양복을 입은 청년이었습니다.

이돌과 만봉이는 그 자리에 얼어붙고 말았어요. 청년이 잔디밭을 가로질러 무섭게 달려왔어요. 양복 사이로 권총이 보였죠. 청년은 앞을 가로막아 서더니 다그쳤습니다.

"어린놈들이 여기가 어딘 줄 알고 함부로 들어와! 어서 나가라!"

만봉이는 아까와는 달리 금방이라도 울음보가 터질 듯했어요.

이돌은 간신히 입을 떼었어요.

"저…… 여기 사시는 할아버지를 뵈려고요."

청년은 어이없는 얼굴을 했습니다.

"뭐라고? 너희들이 왜 우리 선생님을 만나려 하느냐?"

하면서 이내 형제의 등을 떠밀었습니다.

이돌은 '쪽지를 전해야 해요!'라고 말하려다 말고 입을 꾹 다물었어요. 엿장수, 아니 비밀 요원 17호가 백범 할아버지에게만 전하라고 신신당부를 하던 게 떠올랐기 때문입니다. 그럴수록 권총을 찬 청년의 표정은 점점 굳어 갔어요.

바로 그때였습니다.

웬 할아버지가 다가오며 말했어요.

"여보게, 김 군. 아이들이 놀라잖는가."

청년이 겸연쩍게 물러섰어요.

"선생님, 요놈들이 몰래 경교장 안을 거닐고 있었습니다. 황당하게도 선생님을 뵈러 왔다고 거짓말을 해 대서요."

이돌은 순간 눈이 두 배는 커졌어요.

'선생님?'

짧은 머리에 까만 얼굴, 뿔테 안경을 썼어요. 하얀 두루마기를 입은 모습은 우뚝 선 장승처럼 보였습

니다.

할아버지는 뒷짐을 지며 말했어요.

"그래? 꼬마 손님들이 날 만나려 한다니, 반가운 일일세."

할아버지가 만봉이 머리를 쓰다듬으며 말했어요.

"놀라지 마라. 여기 김 군은 내 경호원이란다. 아무한테나 좀 거칠고 엄하지. 허허. 이것 보게. 김 군이 쓸데없이 겁을 주니까 아이가 막 울려고 그러는구면."

경호원 김 군은 주위를 살피며 난처한 표정을 지었어요.

"선생님, 오늘은 바깥출입을 하시면 안 됩니다. 어서 안으로 들어가시죠."

이번에는 할아버지가 이돌의 등을 토닥이며 말했어요.

"안에서 책만 보려니 심심하구먼. 잠시 이 아이들

이랑 놀아도 괜찮지 않겠나?"

그러곤 허리를 굽혀 이돌과 눈을 마주했습니다.

"그래, 얘야. 네 이름이 뭐냐?"

"이돌, 아니 저는 만덕이고, 얘는 제 동생 만봉이에요."

"그래, 날 왜 보자는 거냐? 내가 백범 김구란다!"

못다 한 약속

'백범 김구? 아까 백범 선생님이 김구였구나!'
이돌은 온몸이 찌릿했습니다.
김구라는 이름을 듣자마자 가물가물하던 기억이 되살아났어요. 파팟 전등이 켜지듯이요.
수업 시간에 선생님이 말했어요.
"김구 선생님은 아마도 가장 유명한…… 아니지, 가장 위대하신 독립운동가야. 상하이 임시 정부의 주석이셨고……."

딱 거기까지였고 더는 아는 게 없어요.

언젠가 아빠는 텔레비전을 보다가 가슴을 친 적이 있습니다.

"김구 선생님이 조금만 더 오래 사셨다면……."

이돌한테 김구는 왠지 못다 한 이야기 같았어요.

그래서였을까. 그 이름만 어렴풋하게 남아 있던 거였어요.

이돌 목소리가 절로 떨렸어요.

"정말 독립운동가 김구 할아버지세요?"

김구 할아버지가 말했어요.

"허허, 독립운동가라니 무슨 직업 같구나."

옆에 있던 만봉이가 이돌한테 물었어요.

"형아, 독립운동가가 뭐야?"

"이 바보야, 우리나라 독립을 위해 몸 바쳐 싸우신 분이지 뭐냐."

이돌은 그것도 모르냐는 듯이 동생을 쏘아보았죠.

"그럼 총칼 들고 일본군이랑 싸웠나?"

"아휴, 좀 가만있어라."

김구 할아버지가 껄껄 웃었어요.

"어디 총과 칼뿐이겠느냐. 나라를 일본에 빼앗겼으니, 그걸 되찾으려면 무슨 짓이든 해야 했지. 나는 대한 사람으로서 내 일을 했을 뿐이란다."

이돌이 뜬금없는 질문을 한 건 어쩔 수 없는 노릇입니다.

"그럼, 지금은 독립이 되었나요?"

이때까지도 이돌은 자신이 있는 때가 정확히 언제인지 몰랐으니 말이에요. 솔직히 이돌이 역사에 대해 아는 건 거의 없어요. 이곳이 서울 어디쯤이고 김구 할아버지가 이곳에 있다는 것만 떠올린다면, 지금이 어느 때인지는 대강이나마 짐작했을 테지만요. 그것마저도 이돌한테는 쉬운 일이 아니었습니다.

옆에서 가만 듣고 있던 경호원 김 군이 혀를 차며

말했습니다.

"해방된 지 4년이나 흘렀는데, 그것도 모르냐!"

김구 할아버지는 고개를 젖히고 크게 웃었어요.

"하하, 그만두게. 질문이 뚱딴지같지만 곱씹을 말일세. 만덕이라고 했지? 우리 대한민국이 일본으로부터 독립은 했다만, 완전한 독립은 아직 아니란다. 독립은 우리 스스로 힘으로 해야 하는 것이다."

이돌은 알쏭달쏭했습니다.

"아직 독립이 아니라니요?"

"절반만 되었지."

"왜요?"

"일본군이 전쟁에서 패해 떠나고 그 빈자리에 미국이랑 소련이 들어와 있구나. 게다가 우리는 한민족인데, 작년에 남과 북에 기어이 정부가 따로 세워지면서 결국 남북으로 갈라지지 않았느냐."

이돌이 되물었습니다.

"원래 나라가 둘이 아녔어요? 쭉 그랬는데……."

이돌은 이 말을 꺼내고 곧 아차 싶었어요.

'앗! 옛날에는 남북이 하나의 나라였지?'

말실수한 게 들킬까 봐 조마조마했죠. 김구 할아버지와 경호원은 그걸 눈치채지는 못한 것 같았어요.

김구 할아버지가 말했어요.

"쭈욱 두 나라라니. 안 될 말이지. 잠깐이어야 하지. 남북이 통일이 되어 하나가 될 때, 비로소 완전한 독립이 되는 거란다. 암, 갈라진 채 그대로 두면 두고 두고 후회할 일이 생길 거다. 형제끼리 욕하고 싸워서야 되겠니? 완전한 통일, 완전한 독립은 내가 죽기 전에 반드시 해야 할 일이구나."

김구 할아버지의 눈빛에서는 뭔가 굳은 의지가 엿보였어요. 따뜻하고 온화한 얼굴이지만 그 안에서 풍겨 나오는 기운이 또렷이 전해질 정도로요.

이돌은 자기도 모르게 흥분했어요. 그래서 이렇게

말했습니다.

"할아버지가 정말로 통일을 꼭 이뤄 주세요."

왜 그랬을까? 이돌은 이상하게도 앞에 있는 김구 할아버지라면 그 일을 해낼 수 있을 거라 믿어졌답니다.

그때였어요.

경교장 쪽에서 누군가 황급히 뛰어오고 있었어요. 김 군과 같은 경호원인 듯싶었습니다. 권총이 양복 안쪽 어깻죽지 밑으로 보였거든요.

경호원이 공손하게 말했어요.

"선생님, 급한 전화가 와 있습니다. 직접 받아 보셔야 할 것 같은데요."

김구 할아버지는 고개를 끄덕이곤 이돌한테 손을 내밀었어요. 이돌은 할아버지의 손을 맞잡았습니다.

"이만 가 봐야겠구나. 다음에 또 놀러 오너라."

"네. 고맙습니다, 할아버지."

뭐가 고마웠는지 몰랐지만, 이돌은 그 말이 딱 어울린다고 생각했습니다.

김구 할아버지가 경호원에게 말했어요.

"여보게, 김 군. 자네가 이 형제를 밖까지 바래다주게나. 거실 탁자 위에 있는 떡 좀 싸 주고."

총소리

 이돌은 경고장 정문 쪽으로 천천히 빠져나오고 있었습니다.
 너무 흥분한 탓일까요?
 문제는 그때까지도 이돌 자신이 왜 이곳에 왔는지 까맣게 잊고 있었다는 거예요. 가슴이 두근두근했고, 동생은 경호원이 갖다준 인절미를 먹느라 정신이 없었어요.
 뚜벅뚜벅!

아래쪽에서 누군가 걸어오고 있었습니다.

구둣발 소리가 무겁게 울렸어요.

깔끔한 군복 차림의 청년이었습니다.

경호원 김 군이 먼저 알아보고 손을 흔들었어요.

"안 소위님! 어쩐 일이신가요?"

안 소위가 멈칫 서더니 오른손을 눈썹에 갖다 대며 인사를 했어요.

"오랜만이군. 오늘 백범 선생님을 뵙겠다고 면담을 청했다네."

"무슨 일로……?"

"우리 요원으로부터 중요한 첩보가 들어와서 말이야. 내가 직접 뵙고 말씀드려야 하네."

"그래요? 곧 뒤따라가겠습니다. 1층 거실에서 대기하고 계시면 금방 제가 모시겠습니다."

"그럴 필요 없네. 천천히 오게."

안 소위는 경교장으로 걸어 들어갔어요.

저벅저벅…… 구두 소리.

이돌은 걸어가는 안 소위의 뒷모습을 보다가 유난히 반짝이는 구두에 눈길이 멈췄어요. 낯이 익은 구두였습니다. 찻집에서 구두닦이 만덕이가 들고 있던 그 구두였죠. 그리고 두 남자가 나누던 말이 떠올랐습니다.

이돌이 경호원에게 물었어요.

"백범 할아버지는 공산당 편이에요?"

경호원이 헛웃음을 지었어요.

"하하, 그게 무슨 말이냐. 김구 선생님은 오히려 그 반대지."

"그럼 미국 편이겠네요?"

"이 녀석, 이상한 말만 골라 하는구나. 우리 선생님은 그 누구 편도 아니란다. 오로지 이 나라 국민들 편이지."

"그럼 선생님을 미워하는 사람들은 없나요?"

"글쎄……. 권력에 눈먼 놈들은 우리 선생님을 그렇게 생각할 수도 있겠지. 일본에 빌붙어 있던 친일파 놈들 말이야."

"친일파라고요?"

아쉽게도 이돌이 아는 친일파는 '나라를 팔아먹은 아무개' 정도가 다였습니다.

이돌은 걸음을 멈추고 물었어요.

"친일파는 잡아 가둬야 하잖아요."

"쉬운 일이 아니란다. 해방이 되었는데도 아직까지 친일파들이 권력을 쥐고 있거든. 이젠 김구 선생님까지 암살하려고 노리고 있단다."

암살? 그건 누군가가 위험하단 뜻이었죠.

그제야 이돌은 목에 걸린 쪽지 주머니를 떠올렸습니다.

'앗, 이 쪽지! 이걸 전해야 하는 걸 까먹다니.'

이돌은 얼굴이 화끈 달아올랐어요. 얼른 가슴께에

서 주머니를 꺼냈어요.

"사실은 아까 밖에서요. 비밀 요원 17호가 이걸 김구 할아버지께 꼭 드리라고 했어요."

금세 경호원 김 군의 눈빛이 달라졌어요.

"17호라고? 왜 이제야 말하느냐."

경호원 김 군은 잽싸게 주머니를 열어 쪽지를 펼쳐 보았습니다. 경호원 김 군의 손이 몹시 흔들렸습니다. 입술이 새파래지고 얼굴에 핏기가 싹 가셨습니다.

그리고 다음 순간, 그 소리가 들렸어요. 아주 짧은 찰나였는데도 시간이 아주 느리게 가는 듯했습니다.

탕! 탕! 탕! 탕!

네 발의 총소리.

고요하던 경교장을 뒤흔드는 소리였습니다.

이돌은 가슴이 철렁했어요.

경교장 쪽에서 비명 소리가 들렸습니다.

"아, 선생님!"

경호원 김 군이 권총을 빼 들고 급히 경교장 안으로 뛰어갔습니다.

바닥에는 쪽지가 떨어져 있었어요. 이돌은 쪽지를 주워 들었어요. 거기엔 이런 글이 적혀 있었죠.

6월 26일 낮 경교장
김구 주석님 암살 시도
국군 장교
체포하여 배후를 밝힐 것

비밀 요원 17호는 김구 할아버지가 위험하다는 걸 알리려 했던 거예요. 쪽지는 바로 그 정보를 전하는 편지였고요.

어디서 나타났을까? 갑자기 앞쪽에서 군인 수십 명이 경교장 쪽으로 우르르 달려오고 있었어요. 군인들은 빠르게 이돌과 만봉이 옆을 지나쳤습니다. 그리고 맨 뒤에서 천천히 걸어오고 있는 군인과 이돌이 서로 눈을 딱 마주쳤습니다.

두 시간 전 찻집에서 만났던 대위!

대위가 먼저 알아보고 서둘러 다가왔어요.

"이놈! 수상하다 싶었는데, 네가 왜 여깄지?"

이돌은 재빨리 움직였어요. 아래쪽으로 말이죠.

"저놈 잡아라!"

뒤에서 대위가 소리치며 쫓아왔습니다.

이돌은 골목 좁은 길로 내달렸어요. 찻집에서 두 사람이 했던 말이 무엇인지 알 것 같았습니다.

'저 사람이랑 아까 들어간 안 소위가 무슨 일을 꾸미고 있었던 거야. 바보, 그걸 알아채지 못하다니.'

발소리가 점점 가까워졌습니다.

이돌이 막 길모퉁이를 돌아섰을 때였습니다.

아, 이런! 막다른 골목이었어요. 더는 갈 곳이 없었

어요. 꼼짝없이 잡히고 말 것입니다.

그때 이돌 눈에 무언가 확 들어왔어요.

길바닥에 뒹구는 까만 돌!

왠지 그건 이돌이 전에 봤던 돌과 색깔만 다를 뿐, 같은 돌멩이처럼 느껴졌어요.

이돌은 얼른 돌을 집어 들고 손으로 감싸 쥐었습니다. 그러자……,

까만 돌

집에 돌아와서도 이돌은 눈물이 멈추지 않았어요.

엄마가 깜짝 놀라 몇 번이나 물어도 어떤 대답도 할 수가 없었어요. 방문을 꼭 닫아걸고는 이불 위에 엎드려 울기만 했습니다.

바보! 멍청이!

쪽지만 제때 전했어도…….

그날 밤 이돌은 컴퓨터를 켜고 검색을 해 보았어요.

수십 개도 넘는 창이 떴어요. 예전에는 조금도 몰랐고 관심조차 없던 일들이었죠. 이젠 절대 아니지만요.

…….
1949년 6월 26일 육군 포병 소위 안두희가 쏜 총에 맞아…….

차마 그다음 구절을 읽을 수가 없었습니다.
경교장을 나오던 장면이 눈에 선했습니다.

김구 할아버지의 경호원인 걸 자랑스러워하던 김 군과 군인 장교 안 소위의 반짝거리던 구두, 자신을 뒤쫓아 오던 대위의 무서운 눈.

　밤이 이슥하도록 이돌은 잠을 이루지 못했습니다.

　역시 바지 주머니 안에는 돌멩이가 있었어요.

　까만 돌!

| 역사의 한 순간 |

"남과 북은 원래 한 나라였다."

그걸 누가 모를까? 그런데 언제 어떻게 해서 우리나라가 둘로 갈라졌는지에 대해서는 잘 모른다는 게 문제야.

1945년 해방이 되었을 때만 해도 우리나라는 하나였어. 그런데 남쪽과 북쪽으로 나뉘게 돼. 권력을 차지한 정치인들은 분단이 되는 걸 반겼어. 자기들이 정권을 잡을 기회라고 생각한 거야. 이때 남북은 하나여야 한다고 나선 이가 김구 선생이야. 권력자들에게 통일을 주장하는 김구 선생은 귀찮고 방해만 되는 인물이었을 거야.

1949년 6월 26일. 국군 소위 안두희가 김구 선생을

향해 네 발의 총을 쏘지.

어처구니없게도 당시 대통령 이승만은 안두희에게 어떤 처벌도 안 내리고 그를 그냥 풀어 줬어. 때문에 암살을 꾸민 배후는 아직도 밝혀지지 않았지.

김구 선생은 분단이 되고 나라가 둘로 쪼개지면, 우리나라는 불행해질 거라고 했어. 그 말처럼 우리는 분단으로 지금까지 고통을 받고 있잖아.

김구 선생의 암살에 얽힌 수수께끼는 우리가 반드시 풀어야 할 숙제가 되었어. 어쩌면 그것이 우리의 분단과 통일을 해결하는 첫 실마리일지도 모르지.

김기정

나고 자란 곳은 충청북도 옥천, 1500년 전 백제와 신라가 한창 싸움을 벌인 한가운데죠. 어른들이 말하는 옛이야기와 산기슭 곳곳에 남은 산성의 돌무더기를 보면서 역사를 되새기곤 했습니다. 천 년 전 역사가 지금의 나와 이어져 있다는 것도 알게 되었죠. 그동안 《바나나가 뭐예유?》, 《해를 삼킨 아이들》, 《네버랜드 미아》 같은 동화를 써 왔고, 종종 《우리 신화》, 《음악이 세상을 바꿀 수 있을까?》 같은 책도 냈습니다.

장경혜

서울에서 나고 자랐습니다. 어렸을 때부터 서툴게나마 낙서하는 것을 좋아했는데 어쩌다 보니 이렇게 역사책에 그림을 그리는 한 순간을 맞이하게 되었네요. 역사에 대해 잘 아는 것은 아니지만, 잠시나마 책 속 주인공인 이돌의 마음이 되어 함께 모험을 한다는 기분으로 그림을 그렸습니다. 그동안 그린 책으로 《둥근 해가 떴습니다》, 《똥배 보배》, 《도깨비 감투》, 《우리 동네 미자 씨》 등이 있습니다.